Die Auer

Sach- und Machblätter 1/2

Dieses Arbeitsheft gehört

Auer Verlag GmbH

Willkommen in der Schule!

zu: Das Auer Sachbuch 1/2, S. 4, 5

Die Schule ist aus

Suche und male im großen Bild an!

zu: Das Auer Sachbuch 1/2, S. 6–11

Sicher zur Schule gehen

Suche für Lena einen sicheren Weg zur Schule und zeichne ihn grün ein.

zu: Das Auer Sachbuch 1/2, S. 6–11

Beobachtungen vor der Schule

Wir beobachten Kinder morgens vor der Schule.

Name: ______________________________ Zeit: von ________ Uhr bis ________ Uhr

Das tun die Kinder:	So viele zählen wir (macht für jedes Kind einen Strich)	
	Ja	**Nein**
Sie benutzen den Zebrastreifen oder die Ampel.		
Sie gehen zügig über die Straße, nachdem sie nach links, nach rechts und wieder nach links geschaut haben.		
Sie vermeiden das Drängeln und Schubsen.		
Sie gucken, wenn sie aus dem Bus oder aus dem Auto steigen.		

Ihr könnt auch Radfahrer oder Autos beobachten.
Überlegt euch, worauf ihr achten wollt!

zu: Das Auer Sachbuch 1/2, S. 6–11

Verkehrszeichen auf dem Schulweg

Fußgängerweg

Verbot für Fußgänger

Vorsicht Baustelle

Fußgängerüberweg

Verbot für Radfahrer

Getrennter Rad- und Fußweg

Radweg

Gemeinsamer Rad- und Fußweg

1. Male die Verkehrszeichen mit den richtigen Farben aus.
2. Verbinde die Verkehrszeichen mit dem passenden Text.

zu: Das Auer Sachbuch 1/2, S. 6–11

Erfinde selbst Symbole für

eine Buchhandlung

ein Kino

einen See

zu: Das Auer Sachbuch 1/2, S. 12, 13

Wir lesen Karten!

1. Kennst du die Himmelsrichtungen? Beschrifte die Windrose!

2. Wohin gehen die Kinder?

Paul geht NOOSS.

Serkan geht WNNNO.

Marie geht NOSOS.

Lena geht WSSWS.

3. Lena will Paul besuchen. Schreibe auf, welchen Weg sie gehen könnte!

4. Welches Kind hat den kürzesten Weg zur Schule?

zu: Das Auer Sachbuch 1/2, S. 12, 13

Wir bauen unseren

1. Zeichne den Stadtteil ab, den ihr gebaut habt. Du kannst dazu auch die Zeichen verwenden, die du im Schulbuch auf den Seiten 12 und 13 kennen gelernt hast. Oder du erfindest neue Zeichen.

2. Erkläre die Zeichen!

zu: Das Auer Sachbuch 1/2, S. 14, 15

Stadtteil nach

zu: Das Auer Sachbuch 1/2, S. 14, 15

Serkan fährt mit

Schau dir diese Landkarte genau an!

1. Suche die Türkei und male sie rot an.

2. Zeichne Istanbul auf der großen Karte ein.
3. Suche Deutschland und male es gelb an.

4. Serkan fährt mit seinen Großeltern von Deutschland in die Türkei. Schreibe auf, durch welche Länder sie fahren. Eine Europakarte aus dem Atlas oder dem Internet kann dir dabei helfen.

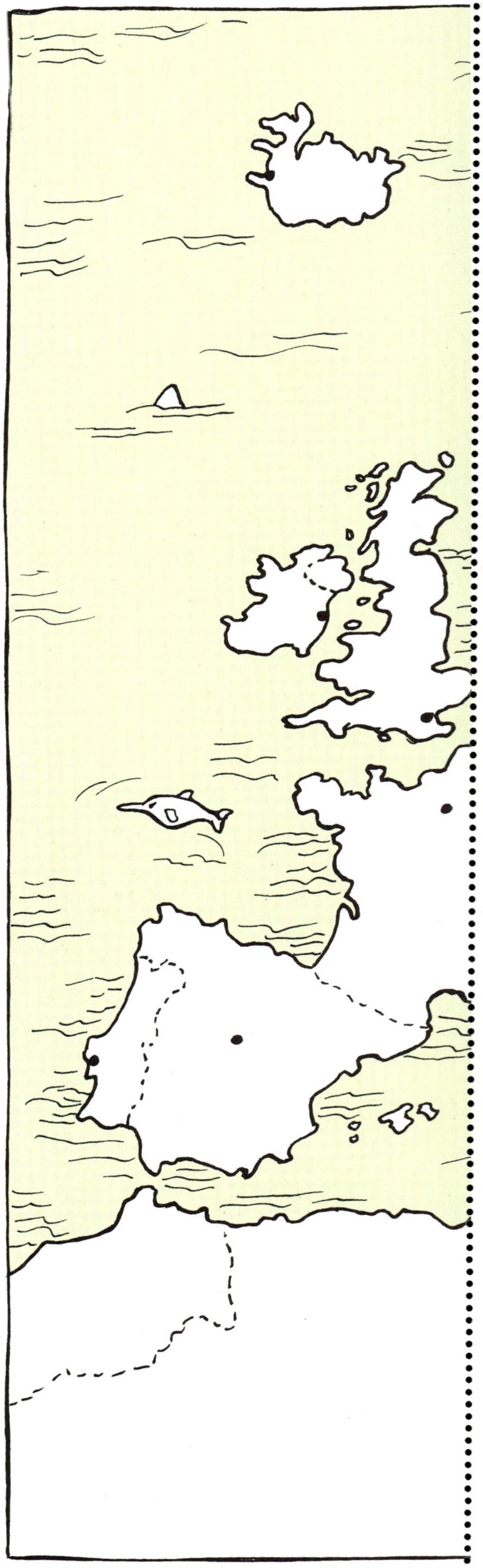

Oma und Opa in die Türkei

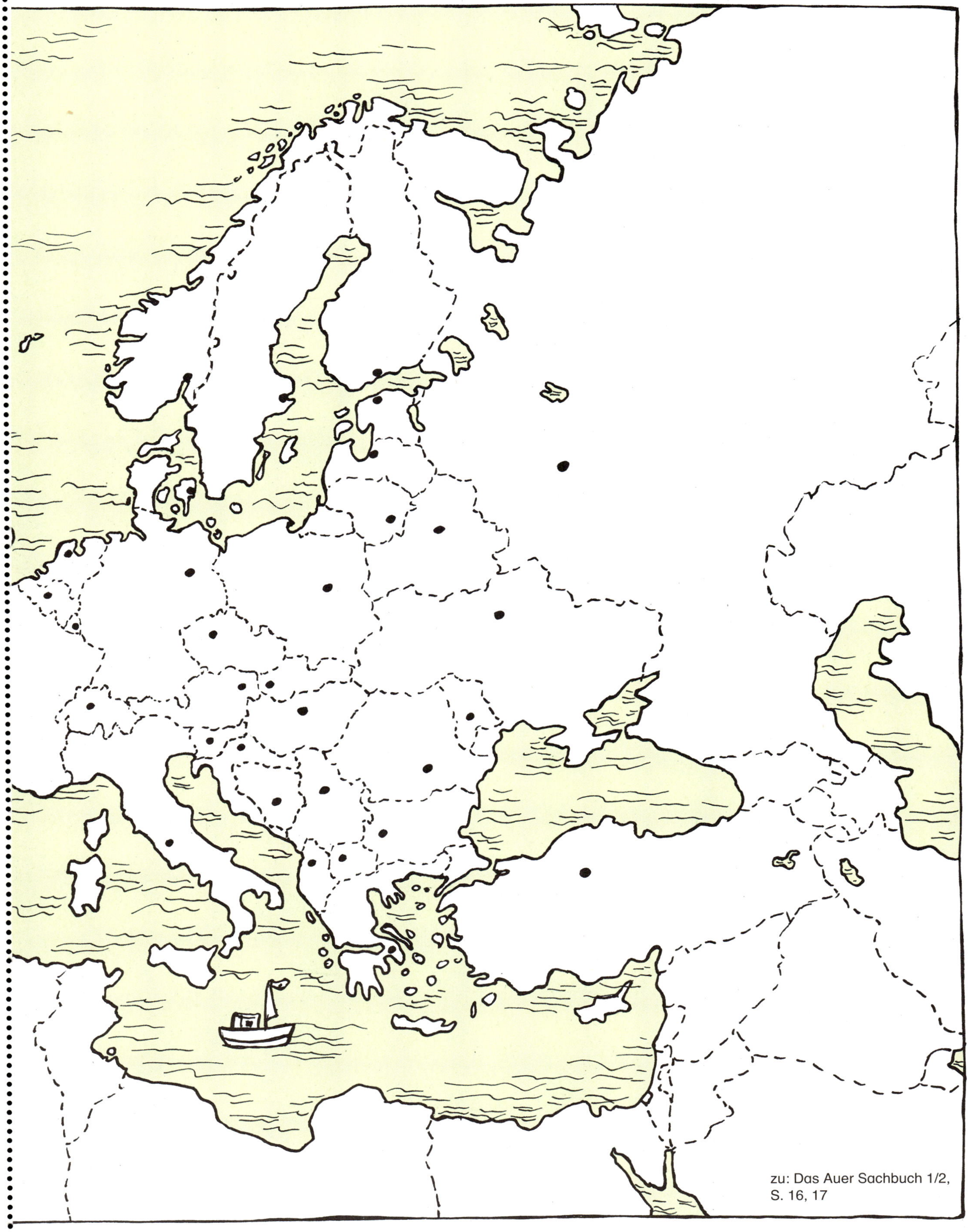

zu: Das Auer Sachbuch 1/2,
S. 16, 17

Meine Familie

Das ist meine Familie 

Hier wohnen wir 

zu: Das Auer Sachbuch 1/2, S. 18

Ich

Ich

Meine Lieblingsfarbe

Mein
Daumenabdruck

Ein Haar von mir

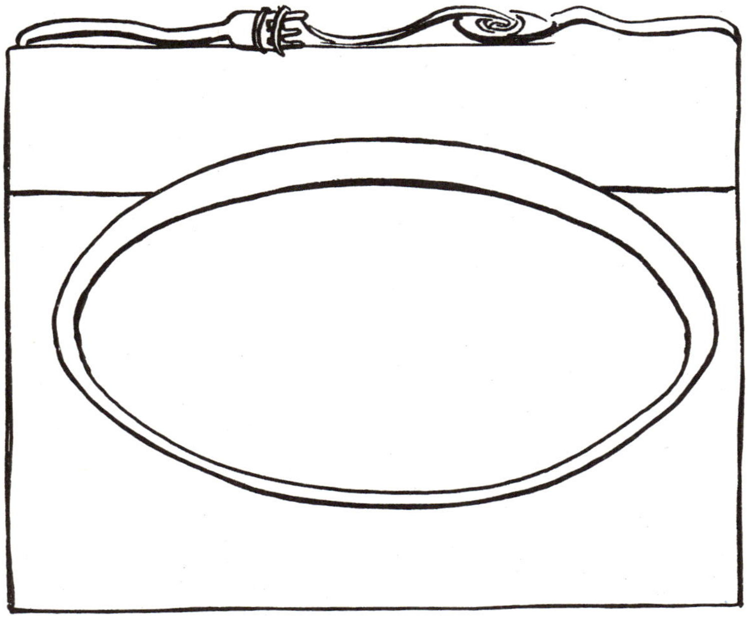

Mein Lieblingsessen

Mein Lieblingsspielzeug

zu: Das Auer Sachbuch 1/2, S. 20

Wir

zu: Das Auer Sachbuch 1/2, S. 20, 21

Das machen wir gemeinsam mit der Klasse

zu: Das Auer Sachbuch 1/2, S. 21

Gefühle

1. Schau dir das Bild genau an.
2. Welche Gefühle haben die Kinder? Male das passende Gesicht in die Kreise!

zu: Das Auer Sachbuch 1/2, S. 22, 23

Wenn ich ...

Wenn ich ______ bin:

Wenn ich ______ bin:

zu: Das Auer Sachbuch 1/2, S. 22, 23

Auch zu Hause gibt es viele Aufgaben

Zu Hause gibt es viel zu tun!

1. Schreibe auf, welche Arbeiten erledigt werden müssen!
2. Welche Arbeiten übernimmst du? Unterstreiche!

zu: Das Auer Sachbuch 1/2, S. 25, 26

Das wünsche ich mir als Belohnung

Lena hat in der Familie viel geholfen. Darüber haben sich alle sehr gefreut! Jetzt wollen sie Lena auch einen Wunsch erfüllen.

zu: Das Auer Sachbuch 1/2, S. 25, 26

Was würdest du dir wünschen?

Mädchen und Jungen

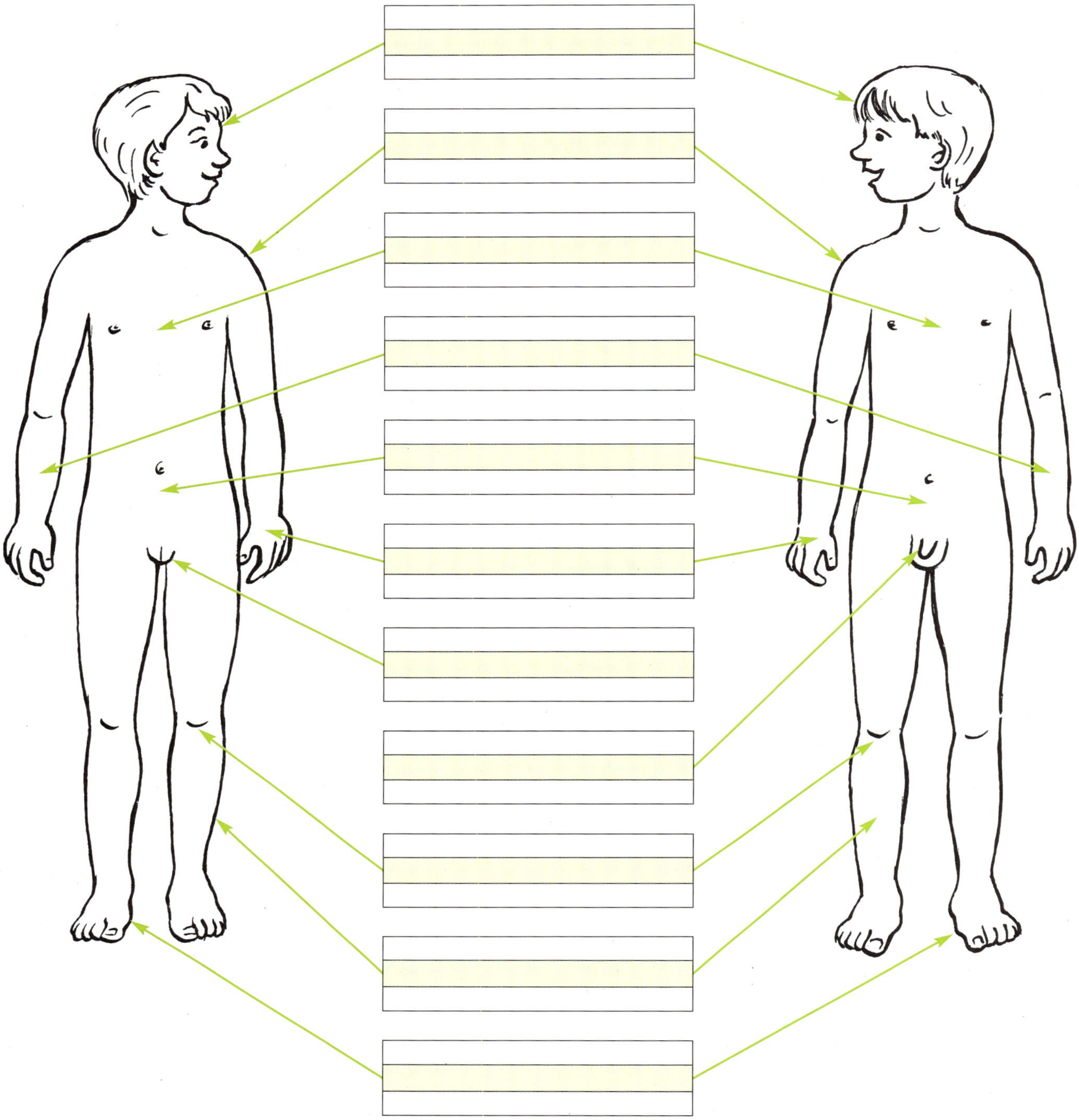

Trage die Namen der Körperteile ein.
Die Wörter unten können dir helfen.

Knie, Bauch, Stirn, Schulter, Schamlippen, Brust, Hand, Unterschenkel, Glied, Fuß, Unterarm

zu: Das Auer Sachbuch 1/2, S. 28

Mein Baby-Steckbrief

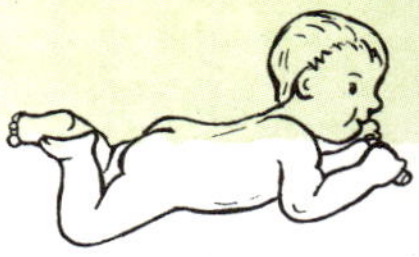

Name:

Geburtsdatum:

Uhrzeit:

Gewicht:

Größe:

Geburtsort:

Das habe ich gelernt:

Krabbeln mit Monaten.

Sitzen mit Monaten.

Laufen mit Monaten.

Sprechen mit Monaten.

Auf das Töpfchen gehen mit Monaten.

Frühstück mit Flipp

Das benötigst du:

2 Scheiben Vollkornbrot

50 Gramm Hüttenkäse

eine halbe Banane

ganz wenig Zitronensaft

1 Scheibe mageren gekochten Schinken

So wird's gemacht:

Mit einem Messer streichst du den Hüttenkäse auf die beiden Scheiben Vollkornbrot.

Schneide die Banane in Scheiben und lege sie auf eine Scheibe Brot. Hebe dir zwei Bananenscheiben für die Augen auf.

Tropfe ganz wenig Zitronensaft auf die Bananen, damit sie nicht so schnell braun werden.

Lege nun den Kochschinken auf die belegte Scheibe Brot.

Jetzt kommt die zweite Scheibe Brot wie ein Deckel darauf.

Mit etwas Hüttenkäse und den beiden übrigen Bananenscheiben kannst du ein lustiges Gesicht gestalten.

Guten Appetit!

1. Denke dir ein eigenes Rezept aus. Schreibe es auf ein Blatt Papier.
2. Stellt eure Ideen vor und sammelt sie in einem Rezeptbuch.

zu: Das Auer Sachbuch 1/2, S. 32, 33

Meine fünf Sinne

In diesem Arbeitheft findest du auf Seite 71 viele Wie-Wörter.
Sie haben alle etwas mit den Sinnen zu tun.
Schneide sie aus und klebe sie passend auf!

zu: Das Auer Sachbuch 1/2, S. 34–39

Geräuschen auf der Spur

1. Gehe auf den Schulhof. Schließe die Augen und achte auf die Geräusche.
2. Was hörst du? Schreibe oder male auf!

zu: Das Auer Sachbuch 1/2, S. 35

Der Parfüm-Test

Bitte deine Mutter, dir ein Stück Papier mit ihrem Lieblingsparfüm zu besprühen.

Klebe das Papier hier auf!

Wie lange kannst du den Duft riechen? Kreuze an!

1 Tag	2 Tage	3 Tage	4 Tage	5 Tage	6 Tage	7 Tage	8 Tage	9 Tage	10 Tage	11 Tage	12 Tage	13 Tage	14 Tage

Vielleicht bekommst du von deinem Vater auch eine Probe mit Rasierwasser!

Klebe die Probe hier auf!

Wie lange kannst du den Duft riechen? Kreuze an!

1 Tag	2 Tage	3 Tage	4 Tage	5 Tage	6 Tage	7 Tage	8 Tage	9 Tage	10 Tage	11 Tage	12 Tage	13 Tage	14 Tage

zu: Das Auer Sachbuch 1/2, S. 36

Mit der Nase schmecken?

Du benötigst:

2 Stückchen Banane
2 Stückchen Schokolade
2 Salzstangen

So wird's gemacht:

- Halte dir die Nase zu. Lege dir ein Bananenstückchen auf die Zunge und zerkaue es langsam, bevor du es hinunterschluckst.
- Wiederhole den Versuch, aber diesmal ohne dir die Nase zuzuhalten!

1. Wann hast du die Banane am deutlichsten geschmeckt? Kreuze an!
2. Probiere es auch mit der Schokolade und den Salzstangen.
3. Kannst du deine Beobachtungen erklären?

	Nase auf		Nase zu	
Banane	stark	schwach	stark	schwach
Schokolade	stark	schwach	stark	schwach
Salzstange	stark	schwach	stark	schwach

zu: Das Auer Sachbuch 1/2, S. 37

Die Blindenschrift

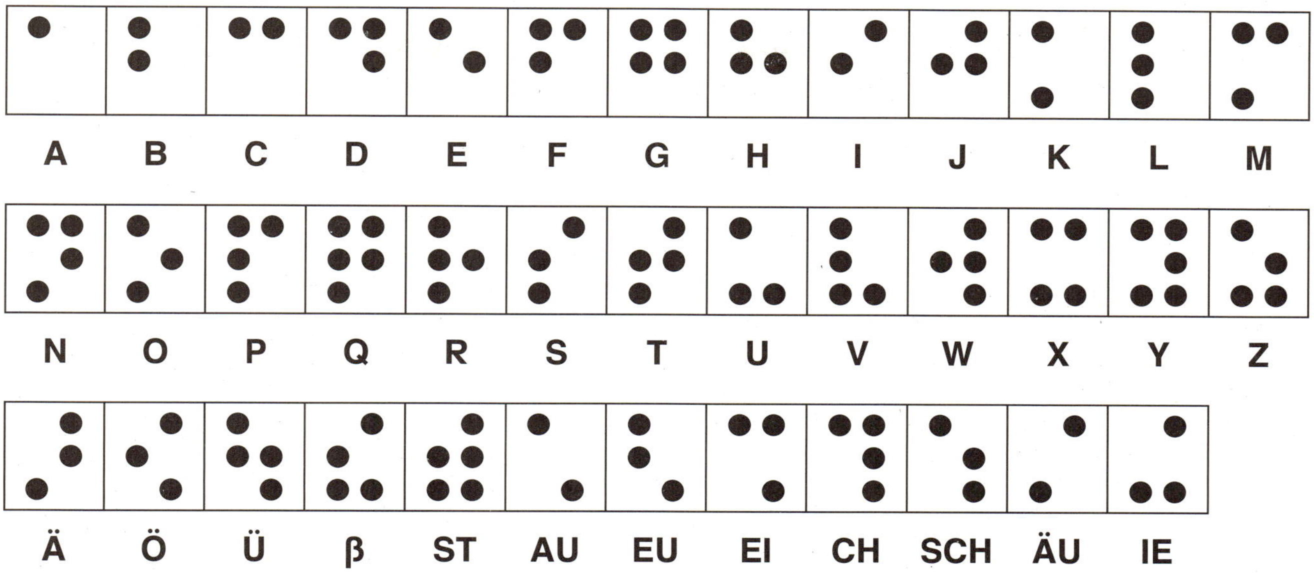

Hier siehst du einen Teil der Blindenschrift. In die leeren Kästchen unten kannst du deinen Namen hineinmalen.

Du hast die Blindenschrift oben aufgemalt. Moritz muss in seinen Büchern die Blindenschrift aber **fühlen**.
Wenn du deinen Namen mit den Händen lesen willst, kannst du das so ausprobieren:

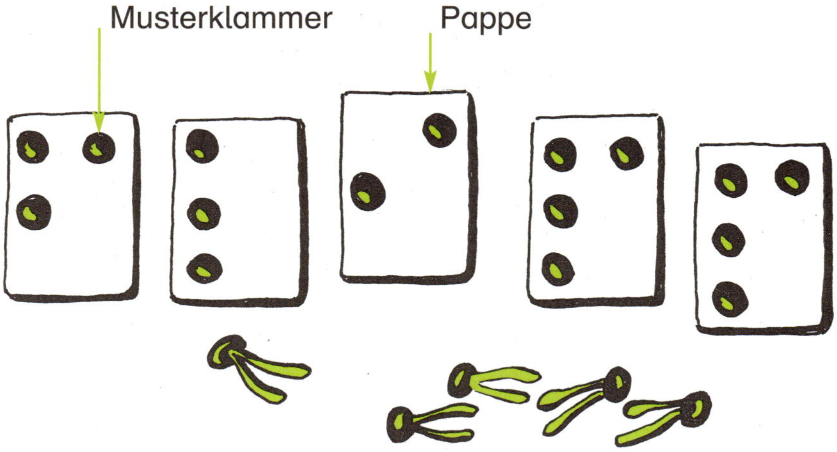

zu: Das Auer Sachbuch 1/2, S. 38

Ich weiß doch, was ich sehe!

Flipp und Flo sind sich nicht einig: Wer ist auf diesem Bild größer?
Was meinst du?

1. Vermute zunächst und miss dann nach!

2. Wie viele Beine hat dieser Elefant? Zähle nach!

zu: Das Auer Sachbuch 1/2, S. 39

12 Monate hat das Jahr

1. Welcher Monat kommt vor …? Welcher Monat kommt nach …?
   Trage in jede Reihe die fehlenden Monatsnamen ein!

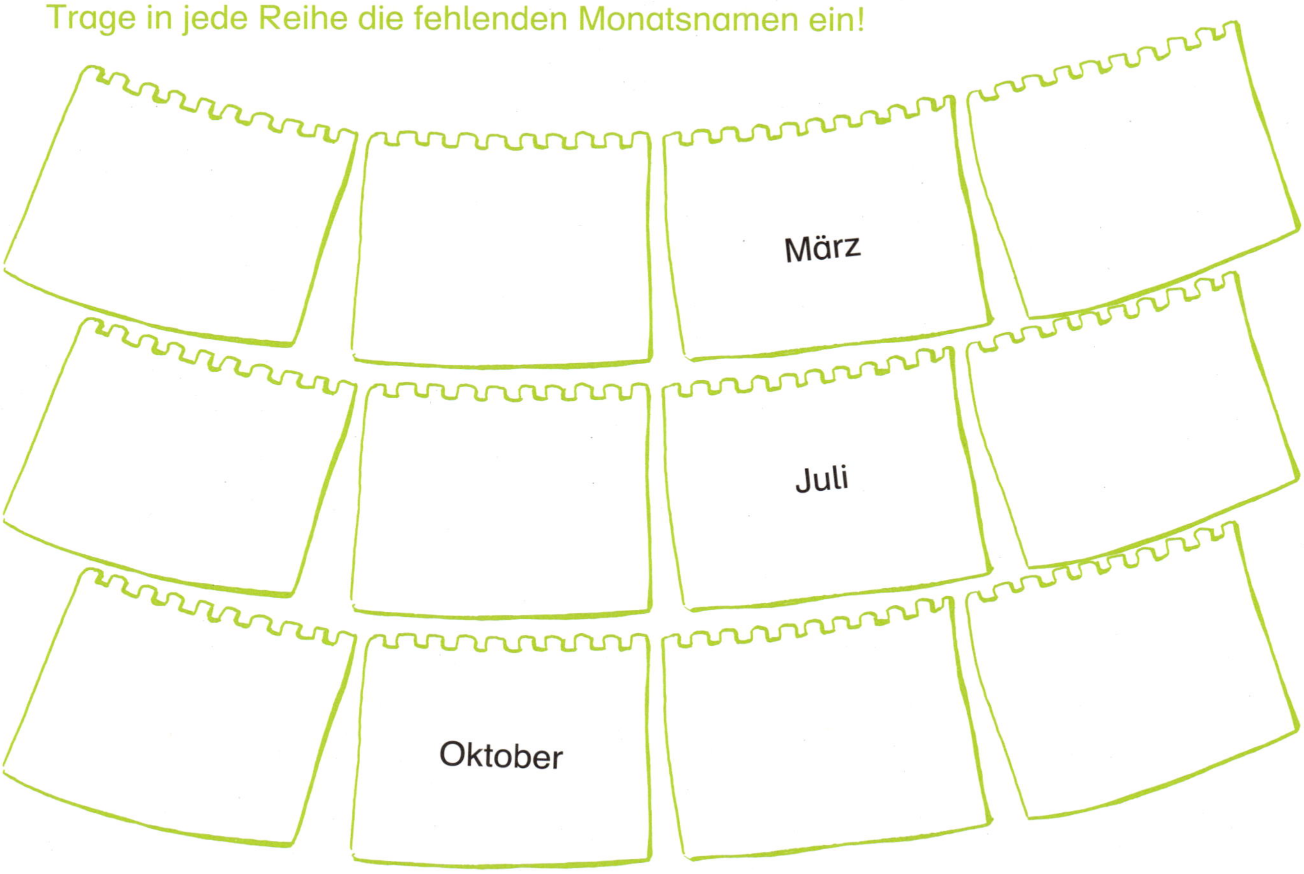

2. Welche Monate haben 30 Tage? Welche Monate haben 31 Tage?
   Trage die Monatsnamen in die Tabelle ein!

30 Tage	31 Tage

3. Welcher Monat fehlt?

zu: Das Auer Sachbuch 1/2, S. 42, 43

Mein Geburts-

Januar

Februar

März

Juli

August

September

Trage alle wichtigen Geburtstage in diesen Kalender ein!

zu: Das Auer Sachbuch 1/2,
S. 42, 43

April

Mai

Juni

Oktober

November

Dezember

zu: Das Auer Sachbuch 1/2, S. 42, 43

Sieben Tage hat die Woche

1. Schreibe die Wochentage in der richtigen Reihenfolge auf!

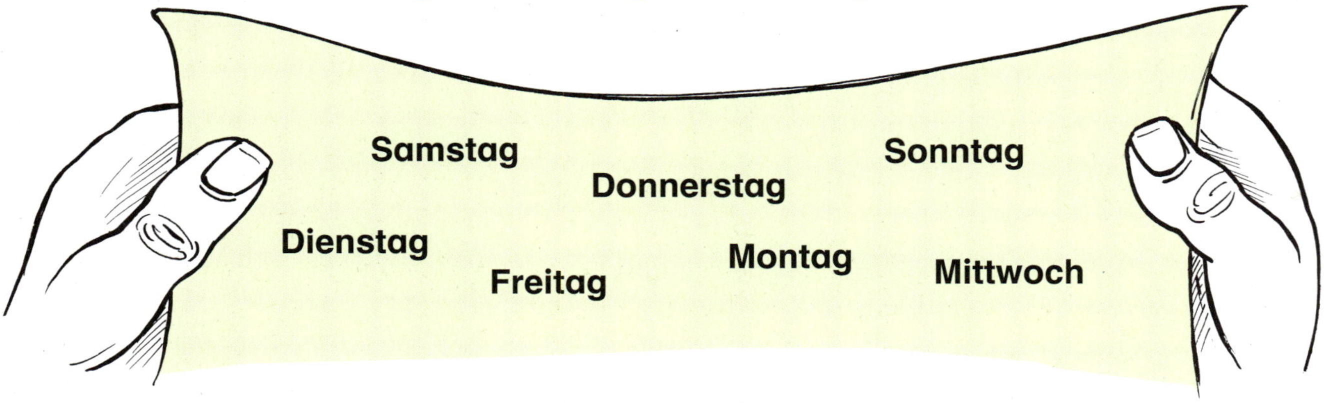

2. Schau dir die Bilder unten genau an! Du findest sie auch in Tinas Wochenplan, der in deinem Schülerbuch auf Seite 44 abgedruckt ist.
Welchen Wochentag und welche Tageszeit zeigen die Bilder?

	Wochentag	Tageszeit

zu: Das Auer Sachbuch 1/2, S. 44

Wie die Zeit vergeht

Für dieses Experiment brauchst du einen Partner und eine Uhr, die nach einer Minute abgelaufen ist, zum Beispiel eine Sanduhr. Ein Kind führt die Aufgaben aus, das andere achtet auf die Zeit. Wechselt euch ab!

1 Minute 	**Die Zeit vergeht schnell wie im Flug** 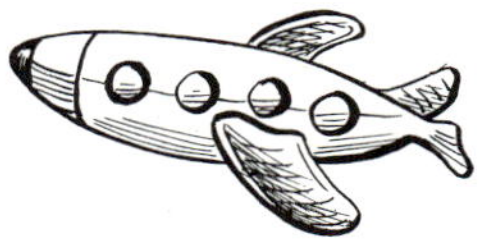	**Die Zeit kriecht langsam wie eine Schnecke** 
Steh auf einem Bein.		
Sei ganz leise.		
Sei ganz laut.		
Male dein Lieblingstier.		
Halte ein Buch mit ausgestrecktem Arm.		
Singe ein Lied.		
Räume deine Schultasche aus und wieder ein.		

1. Wie ist die Zeit vergangen? Kreuzt in der Tabelle an!
2. Denkt euch weitere Aufgaben aus.
3. Vergleicht eure Tabellen. Was fällt euch auf?
4. Sucht Erklärungen für eure Beobachtungen!

zu: Das Auer Sachbuch 1/2, S. 45

Wie spät ist es?

zu: Das Auer Sachbuch 1/2, S. 49

Wie spät ist es?

zu: Das Auer Sachbuch 1/2, S. 49

Der Frühling im Garten

Den Frühling kann man sehen, riechen, hören, fühlen und schmecken.
Geh in den Schulgarten oder auf den Schulhof.
Dort kannst du den Frühling entdecken.

 Was siehst du im Frühling?

 Was riechst du im Frühling?

 Was hörst du im Frühling?

 Was fühlst du im Frühling?

 Gibt es auch einen Geschmack, der dich an den Frühling erinnert?

zu: Das Auer Sachbuch 1/2, S. 35–39, 42, 50–55

Frühlingsboten

In diesem Garten sind einige Frühlingsboten versteckt!

Male:
1. Tulpen = rot
2. Osterglocken = gelb
3. Krokusse = orange
4. Hyazinthen = lila
5. Löwenzahn = gelb
6. Zitronenfalter = gelb

zu: Das Auer Sachbuch 1/2, S. 50–55

Die Tulpe

1. Beschrifte die Tulpe! Verwende dazu diese Wörter:
   Blatt, Blüte, Zwiebel, Stängel, Wurzel

2. Schau dir die Blüte einer Tulpe genau an. Zeichne, was du siehst!

zu: Das Auer Sachbuch 1/2, S. 51

Wiesendetektive

Geht auf eine Wiese und schaut euch genau um.
Sammelt diese Dinge:

	Das haben wir gefunden
• drei verschiedene Gräser	☐
• eine Löwenzahnblüte	☐
• eine Pusteblume	☐
• ein Gänseblümchen	☐
• einen ganz langen Grashalm	☐
• einen ganz kurzen Grashalm	☐
• einen Stein	☐
• etwas, das nicht auf die Wiese gehört	☐
• eine Taubnessel	☐
• ein Stück Holz	☐
• etwas, das du schön findest	☐
• eine Vogelfeder	☐
• einen Sonnenstrahl	☐

Das haben wir noch gefunden:

Nehmt eure Funde mit in die Klasse!

zu: Das Auer Sachbuch 1/2, S. 52, 53

Pflanzen erkennen

1. Suche dir eine Pflanze aus. Wie sieht ihr Blatt aus?
   Vergleiche und kreuze an!

Name der Pflanze:		
rund		
lang und schmal		
lang und breit		
gezackt		
wellig		
Ganz anders! Nämlich so:		

2. Erkennst du uns?

Hier siehst du nur einen Teil von uns. Im Schulbuch auf Seite 52 sind wir ganz zu sehen. Schreibe unsere Namen auf!

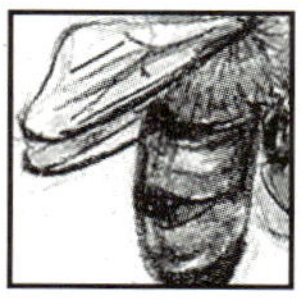

zu: Das Auer Sachbuch 1/2, S. 52, 53

Ein Löwenzahn-Puzzle

1. Auf Seite 73 findest du ein Löwenzahn-Puzzle.
   Schneide die Teile aus und setze sie richtig zusammen.
2. Klebe das fertige Puzzle in das Feld unten.
3. Beschrifte die Teile des Löwenzahns:
   Blüten, Pfahlwurzel, Stängel, Blätter, Knospe

zu: Das Auer Sachbuch 1/2, S. 54, 55

Blüten und Schirmchen des Löwenzahns

Die Löwenzahnblüten

Du brauchst: den gelben Kopf des Löwenzahns und eine Lupe.

1. Schau dir die Löwenzahnblüten genau an und zeichne sie!

Die Löwenzahnschirmchen

Du brauchst: ein Schirmchen von einer Pusteblume, etwas Watte, eine Sprühflasche mit Wasser und eine Lupe.

2. Suche dir ein Schirmchen von einer Pusteblume.
3. Besprühe die Watte leicht mit Wasser und lege das Schirmchen darauf.
4. Schau dir das Schirmchen genau an und zeichne es. Wo siehst du die Frucht?

5. Warum hängt die Frucht an einem Schirmchen?

zu: Das Auer Sachbuch 1/2, S. 54, 55

Die Löwenzahnpflanze verändert sich

Auf Seite 71 findest du 5 Bilder, die zeigen, wie ein Löwenzahn wächst und sich verändert.

1. Schneide die Bilder aus.
2. Lege sie in der richtigen Reihenfolge auf die grünen Felder und klebe sie fest.
3. Schreibe auf, was sich an der Pflanze verändert!

Start

zu: Das Auer Sachbuch 1/2, S. 54, 55

Bau dir ein Mini-Treibhaus!

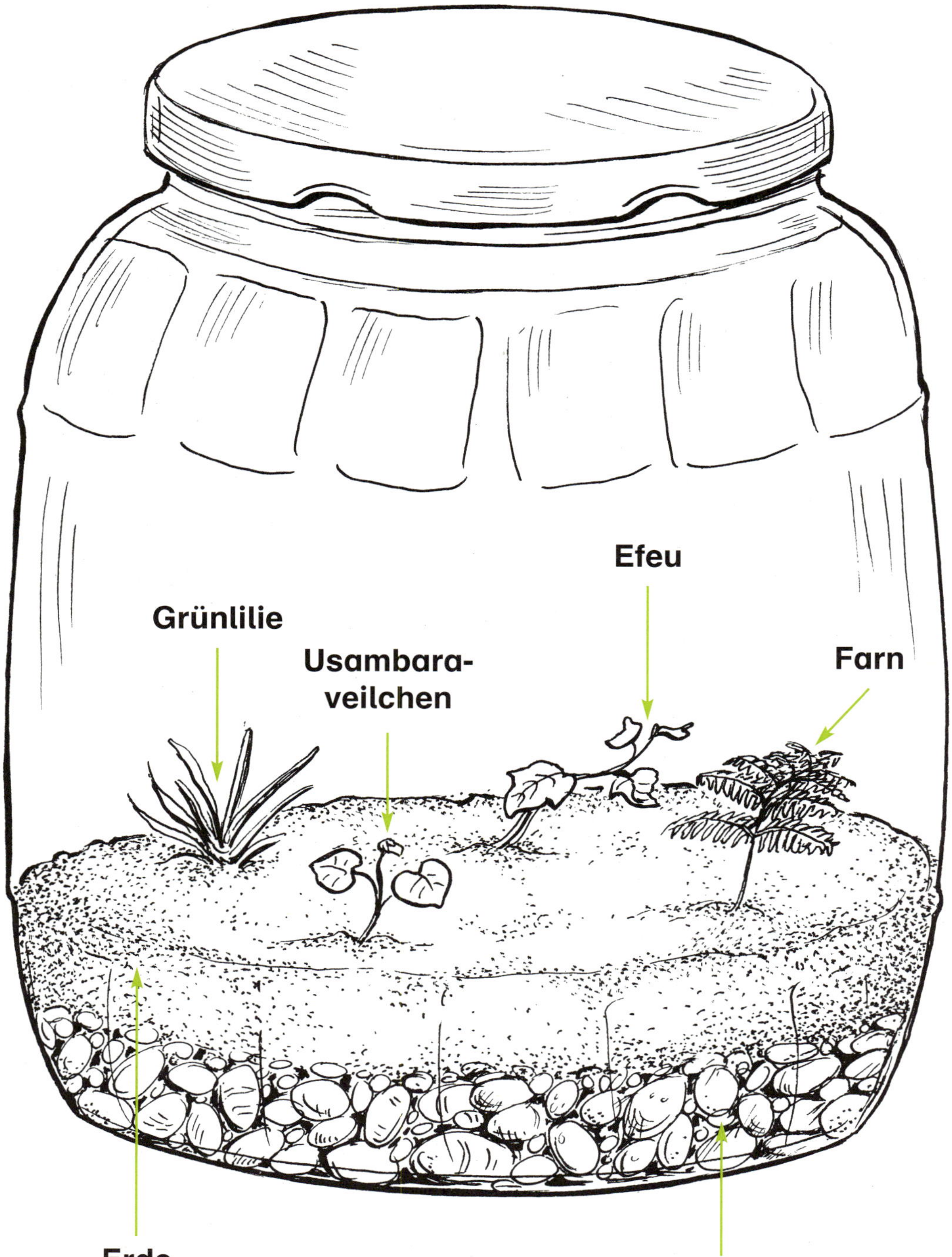

Vorsichtig gießen! Dann kannst du den Deckel schließen.

zu: Das Auer Sachbuch 1/2, S. 56, 57

Vom Keimen und Wachsen

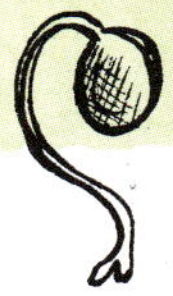

So verändern sich unsere Senfkörner:

1. Tag	2. Tag	3. Tag

4. Tag	5. Tag	6. Tag

Wir haben beobachtet:

Das erklären wir so:

zu: Das Auer Sachbuch 1/2, S. 56, 57

Der Marienkäfer – ein Raubtier

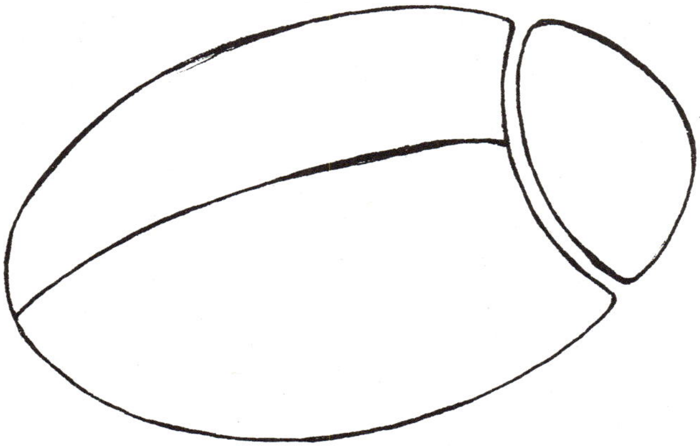

1. Wie sieht dein Käfer aus? Zeichne ihn genau auf!

2. Dieser Käfer möchte gerne fliegen. Ihm fehlt aber noch etwas. Beobachte einen startenden Marienkäfer und ergänze die Zeichnung!

3. Hier haben sich falsche Käfer versteckt! Finde sie und streiche sie durch!

zu: Das Auer Sachbuch 1/2, S. 58, 59

Die Körperteile eines Meerschweinchens

Körper, Krallen, Nagezähne, Nase, Vorderpfote, Ohr, Hinterpfote, Kopf, Tasthaare, Auge

1. Schreibe die Namen der Körperteile an die richtige Stelle.
2. Male das Meerschweinchen an!

zu: Das Auer Sachbuch 1/2, S. 61–63

Haustier-Zählung

Welche Tiere haben die Kinder deiner Klasse zu Hause?
Mache eine Umfrage!

		insgesamt
 Hund		
 Katze		
 Wellen-sittich		
 Meer-schwein-chen		
 Fische		

zu: Das Auer Sachbuch 1/2, S. 60–63

Was Haustiere brauchen

zu: Das Auer Sachbuch 1/2, S. 60–63

Weißt du, was Haustiere brauchen? Aber aufgepasst, es gibt auch Unterschiede! Fülle diese Tabelle so aus:

++	bedeutet:	unbedingt nötig	–	bedeutet:	nicht unbedingt nötig
+	bedeutet:	das wünscht sich das Tier	– –	bedeutet:	auf keinen Fall

	Hund	Katze	Wellensittich	Meer-schweinchen	Kaninchen	Fische
große Wohnung						
Käfig						
Futter						
Impfung						
viel Bewegung						
manchmal einige Süßigkeiten						
viel Pflege						
„Tierwohnung“ sauber machen						
regelmäßig Gesellschaft						
Aufsicht						
manchmal Ruhe						

Wohin mit dem Müll?

Welcher Müll gehört in welche Tonne? Verbinde!

zu: Das Auer Sachbuch 1/2, S. 64, 65

Mein Wasser-Tagebuch

Schreibe einen Tag lang auf, wozu du Wasser gebraucht hast.
Gibt es Dinge, die du öfter gemacht hast?
Dann male jedes Mal einen Tropfen!

1. Ich wasche mich.

2. Ich putze meine Zähne.

3. Ich trinke einen Tee.

zu: Das Auer Sachbuch 1/2, S. 66, 67

Wasser verändert sich

Wasser kann ______, ______ oder ______ sein.

Es verändert seine Form bei unterschiedlichen ______.

1. Ergänze den Text!
2. Auf Seite 75 findest du Wort- und Bildkärtchen. Schneide sie aus und klebe sie hier ein!

gasförmig

flüssig

fest

zu: Das Auer Sachbuch 1/2, S. 66, 67

Luftexperimente

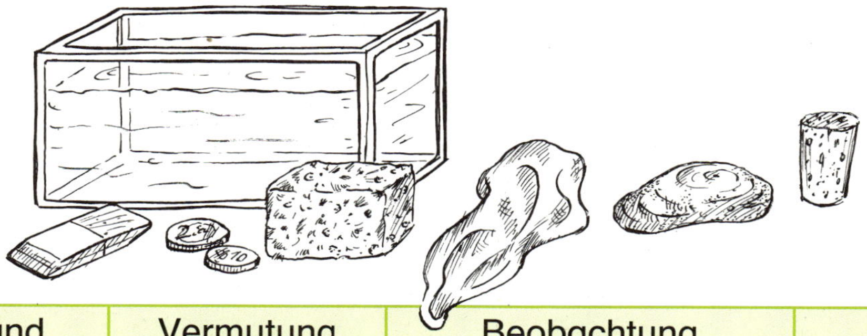

Gegenstand	Vermutung		Beobachtung	Erklärung
	enthält Luft	enthält keine Luft		
Stein				
Korken				
Radiergummi				
Stofffetzen				
Schwamm				
Münze				

1. Vermutet: Welche Gegenstände enthalten Luft, welche nicht? Kreuzt eure Vermutung in der Tabelle an!
2. Taucht die Gegenstände einzeln in einem Becken mit Wasser unter und tragt eure Beobachtungen in die Tabelle ein!
3. Erklärt eure Beobachtungen!

zu: Das Auer Sachbuch 1/2, S. 70, 71

Wir basteln einen Fallschirm

1. Eine quadratische Plastikfolie, 30 cm lang und 30 cm breit
2. Eine Wäscheklammer
3. Vier gleich lange Wollfäden, je 20 cm
4. Einen kleinen Streifen Klebeband

Und so geht's:

1. Suche dir einen Partner.
2. Formt aus den Ecken der Plastikfolie jeweils einen Zipfel und knotet darum einen Wollfaden.
3. Fasst alle Fäden zusammen und klebt den Klebestreifen darum.
4. Klemmt die Wäscheklammer an den Klebestreifen.

Nun habt ihr auch einen Fallschirmspringer!

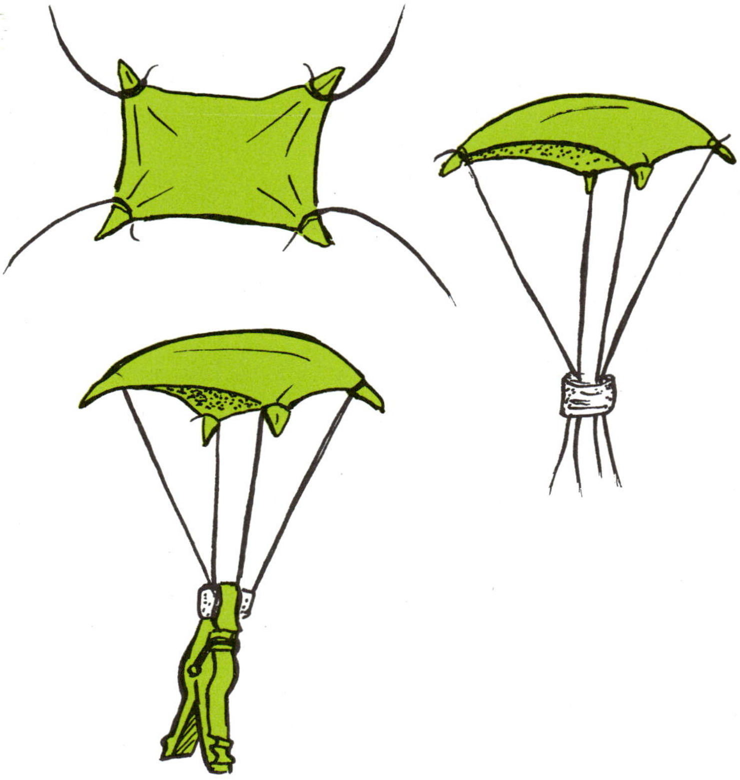

zu: Das Auer Sachbuch 1/2, S. 72, 73

Licht und Schatten

1. Welcher Schatten gehört zu welchem Gegenstand? Verbinde!

2. Hier wird's richtig knifflig! Welche Schatten könnten zu den Gegenständen gehören? Kreuze sie an!

zu: Das Auer Sachbuch 1/2, S. 46, 47, 74

Schattenrätsel

1. Probiere aus und zeichne den Schatten!

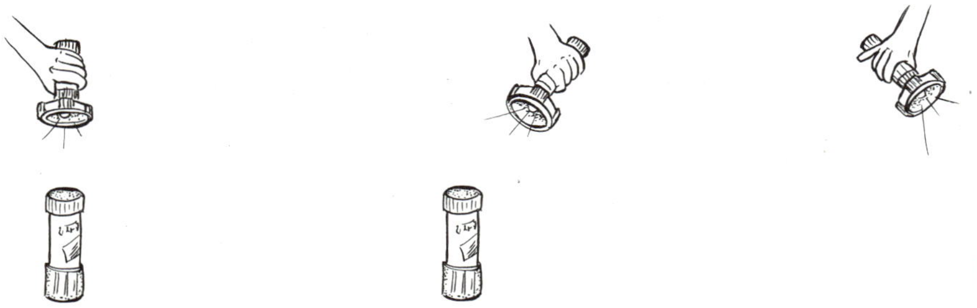

2. Welche Schatten sind auf dem Bild unten richtig gezeichnet? Male sie aus!

zu: Das Auer Sachbuch 1/2, S. 46, 47, 74

Der Wärme auf der Spur

Probiere, beschreibe, erkläre!

1. Wo ist es wärmer?

2. Was passiert mit der Papierschlange?

3. Kannst du das erklären?

zu: Das Auer Sachbuch 1/2, S. 75

Temperaturen messen ...

Temperaturen kann man messen. Dazu benutzt man ein **Thermometer**.
Die Temperatur wird in **Grad Celsius** gemessen (Abkürzung: **°C**).

Wichtige Temperaturen sind zum Beispiel:

0 °C	=	Wasser wird zu Eis.
37 °C	=	So warm ist der Körper des Menschen. (Steigt die Temperatur über 37 °C, hat man Fieber.)
100 °C	=	Wasser kocht.

Zeichne diese Temperaturen ein!

zu: Das Auer Sachbuch 1/2, S. 75–77

… und ablesen

Welche Temperaturen werden hier angezeigt?

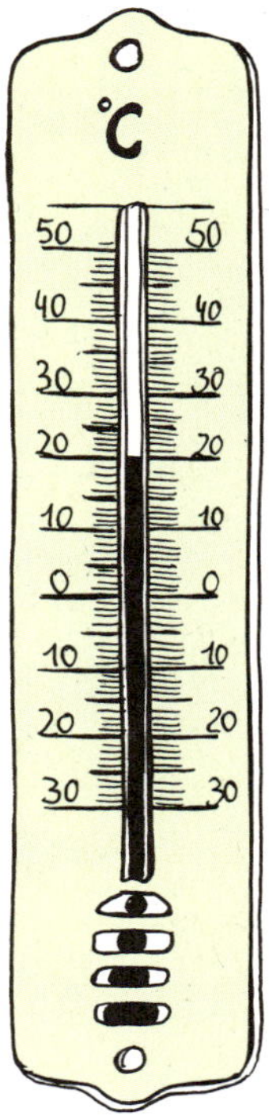

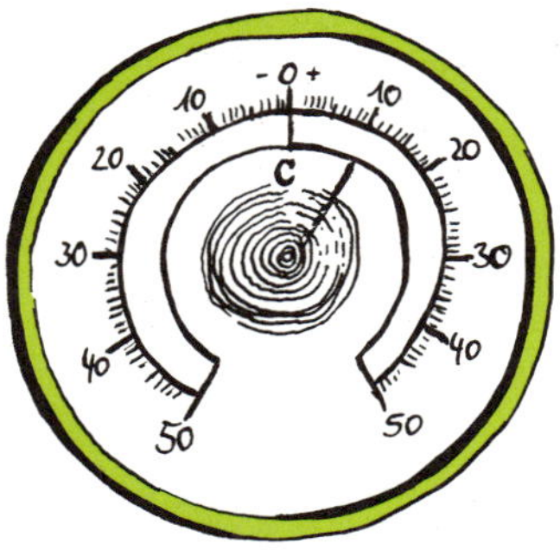

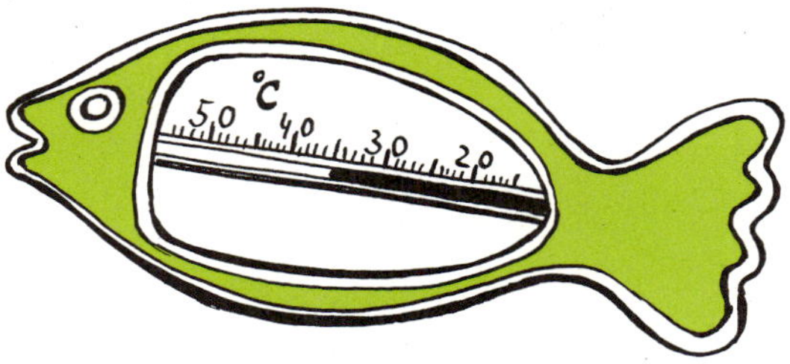

zu: Das Auer Sachbuch 1/2, S. 75–77

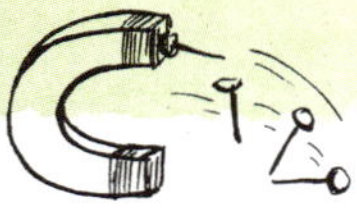

Sachensucher

Breite an einem sonnigen Tag verschiedene Gegenstände aus unterschiedlichen Materialien auf einer dunklen Decke aus. Nach einer halben Stunde kannst du vorsichtig daran fühlen.

Trage deine Beobachtungen in die Tabelle ein!

Gegenstand	Material	heiß	warm	kalt
Nagel	Metall	X		
Lineal				

zu: Das Auer Sachbuch 1/2, S. 75, 79

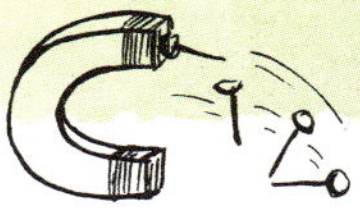

Was Magnete alles können

1. Nimm verschiedene Materialien und packe darin einen Magneten ein. Probiere dann mit einem Nagel, ob er noch angezogen wird!

Magnet eingepackt in …	Nagel wird angezogen.	Nagel wird nicht angezogen.
Papier		
Plastik		
Alufolie		
Stoff		

Findet die Maus heraus?

Nimm eine Pappe und zeichne darauf ein Labyrinth.

Jetzt brauchst du die Maus. Zeichne sie auf ein Stück Papier und schneide sie aus. Gut ist, wenn deine Maus einen recht großen, rechteckigen Fuß bekommt.

Knicke den Fuß um und befestige ihn an einer Büroklammer.

Jetzt brauchst du nur noch einen Magneten. Setze die Maus mit der Büroklammer auf die Pappe, den Magneten hältst du unter die Pappe.

Und schon kann sich die Maus einen Weg suchen!

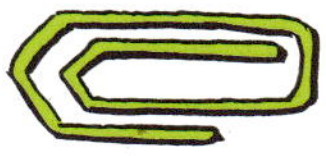

2. Kannst du erklären, wie das klappt?

zu: Das Auer Sachbuch 1/2, S. 78

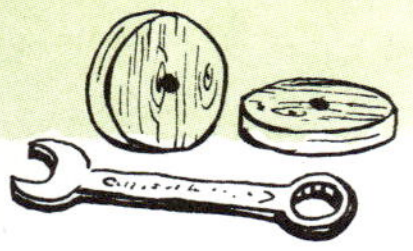

Unser Werkzeug

Male die Werkzeuge zu Ende. Wie heißen sie?

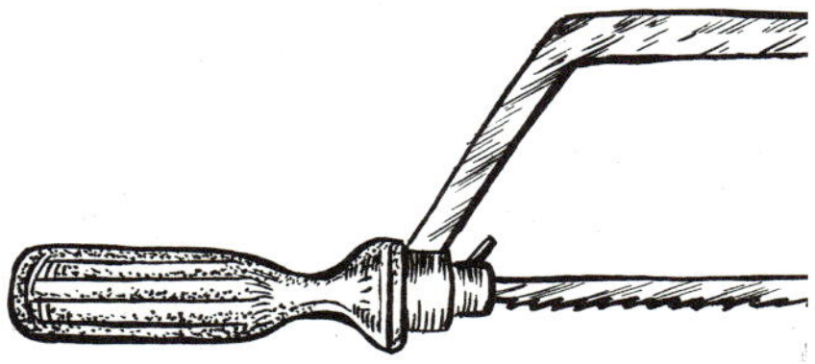

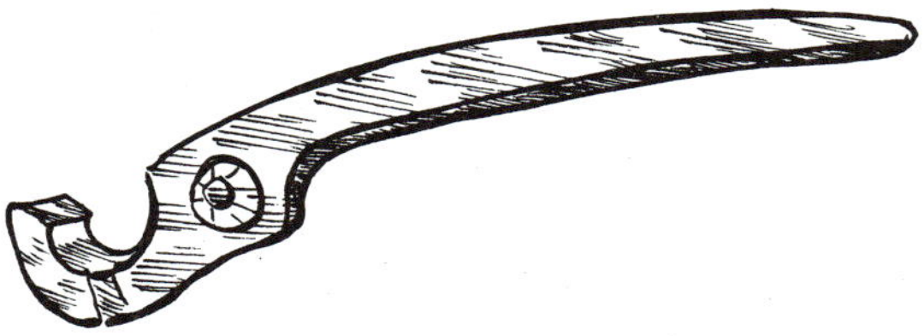

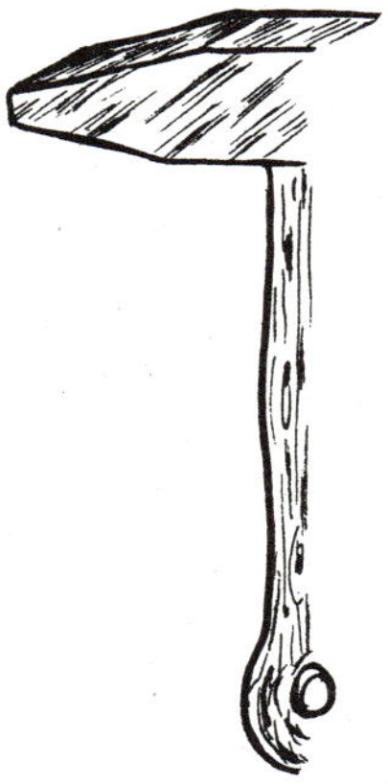

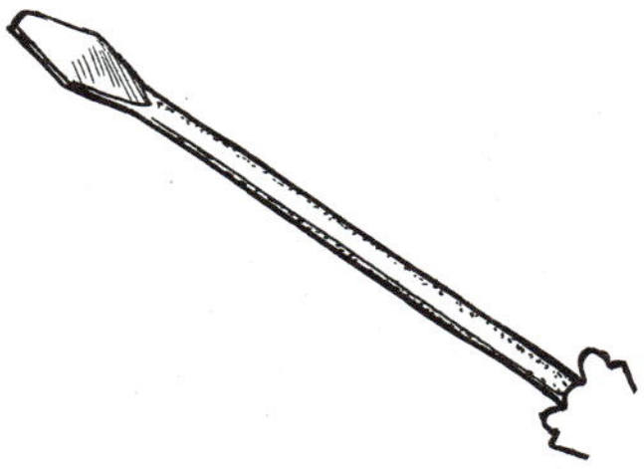

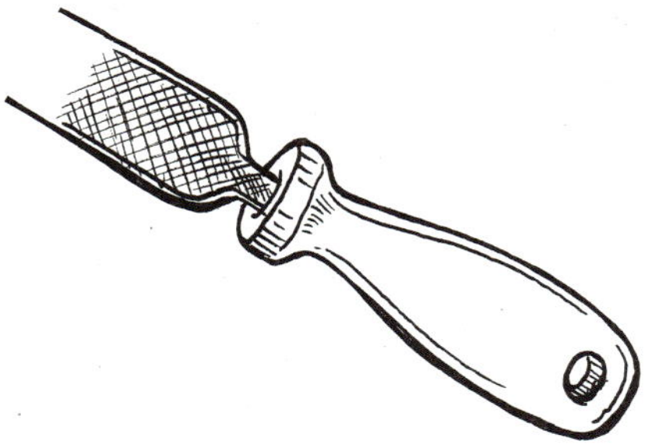

Schraubendreher, Feile, Bügelsäge, Zange, Hammer, Vorbohrer

zu: Das Auer Sachbuch 1/2, S. 80, 81

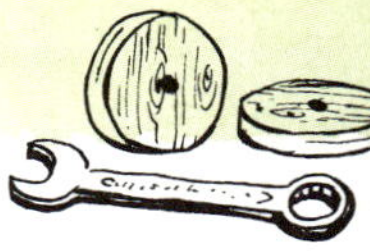

Wir bauen ein Auto

Ich säge Holz mit der

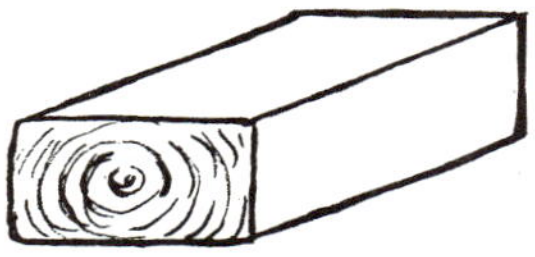

Ich glätte Holz mit

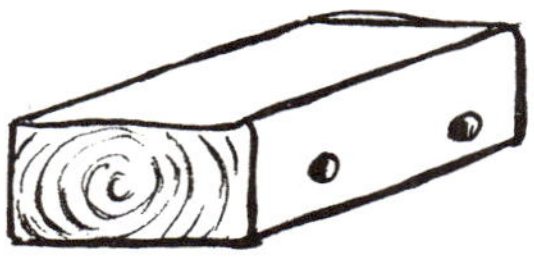

Ich bohre Löcher mit dem

Ich befestige Schrauben mit dem

zu: Das Auer Sachbuch 1/2, S. 80, 81

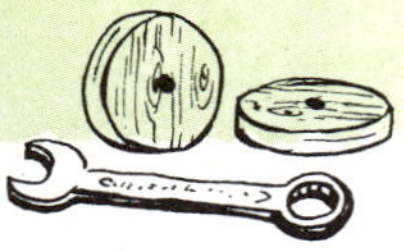

Auto-TÜV

Prüfbericht

	Ja	Nein
Das Auto hat alle wichtigen Teile.		
Alle Räder lassen sich drehen.		
Das Auto rollt geradeaus, wenn es angeschoben wird.		
Das Auto rollt alleine eine schräge Unterlage hinunter.		
TÜV bestanden?		

Unterschrift Prüferin/Prüfer | Datum | Unterschrift Besitzerin/Besitzer

Auf Seite 75 findest du einen Fahrzeugschein. Fülle ihn aus. Eine TÜV-Plakette bekommst du von deiner Lehrerin oder deinem Lehrer.

zu: Das Auer Sachbuch 1/2, S. 81

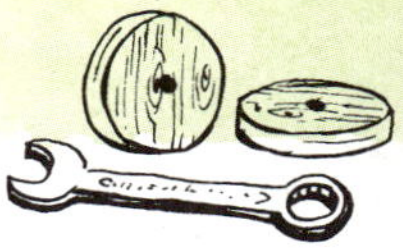

Heben und bewegen

Wie kriegen Flipp und Flo den Stein nach Hause?

Es geht noch einfacher!

zu: Das Auer Sachbuch 1/2, S. 82, 83

Allerlei zum Tüfteln und Entdecken

1. Markiere mit dem Vorbohrer jeweils die Mitte der Deckel.
2. Befestige nun alle drei Deckel mit Nägeln auf dem Brett. Die Deckel müssen sich drehen können, damit du sie als Rollen benutzen kannst.
3. Zum Schluss musst du jede Rolle mit einem Farbpunkt markieren.

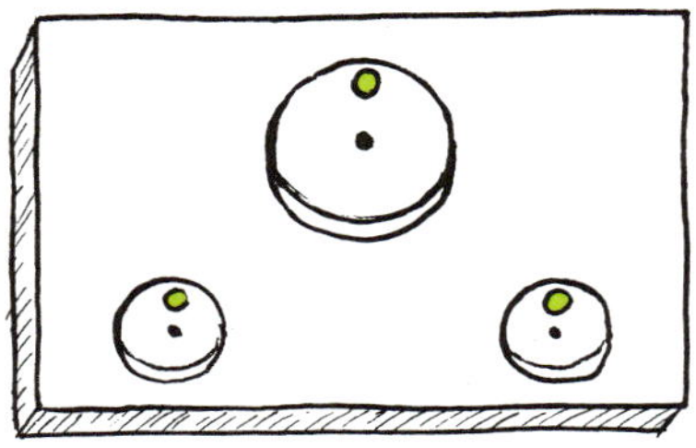

Du brauchst:
zwei Deckel von Sprudelflaschen,
einen größeren Deckel (z. B. von einem Marmeladenglas),
ein Holzbrett,
einen Gummiring,
drei Nägel,
einen Hammer,
einen Vorbohrer,
einen Farbstift.

4. Spanne den Gummiring von Rolle 1 zu Rolle 2! Was passiert, wenn du Rolle 1 drehst?

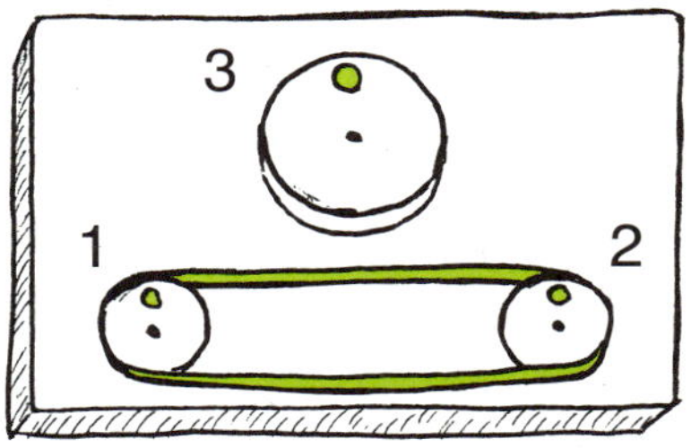

5. Der Gummiring liegt über Kreuz..Was beobachtest du jetzt?

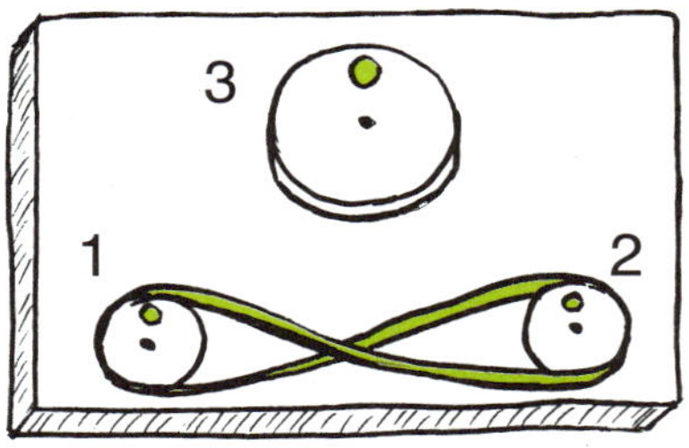

6. Spanne den Gummiring von Rolle 1 zu Rolle 3. Was passiert, wenn du Rolle 1 drehst?

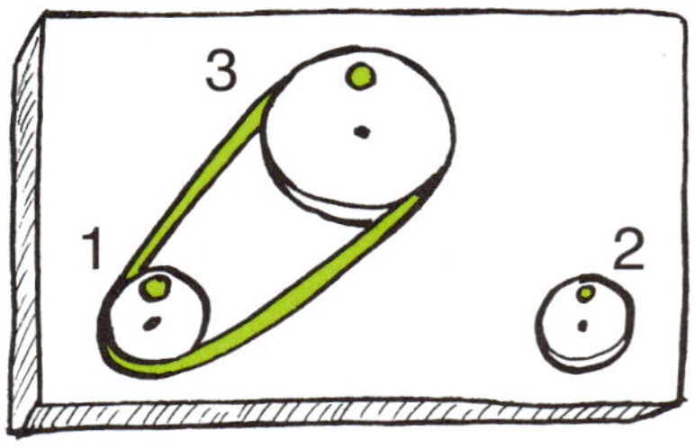

7. Und jetzt umgekehrt! Drehe Rolle 3 und beobachte!

In der Bücherei

In diesem Regal fehlen einige Bücher. Du findest sie auf Seite 77.
Schneide sie dort aus und ordne sie hier ein.

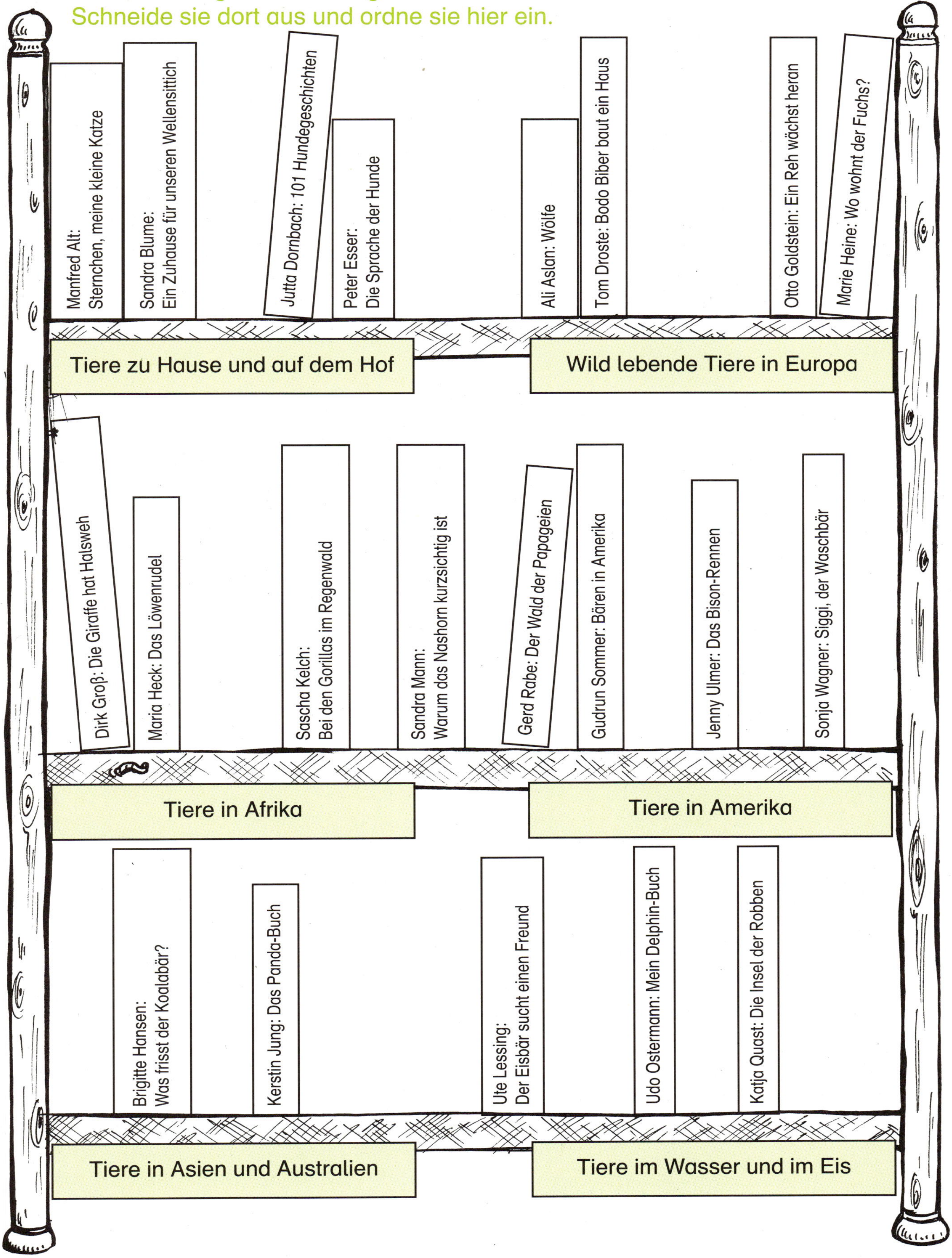

zu: Das Auer Sachbuch 1/2, S. 60, 61, 86, 87, 91

Tier-Steckbrief

Name des Tieres:

So sieht es aus:

Da kommt es her (Lebensraum und Verbreitungsgebiet):

Das frisst es:

Daran erkenne ich das Tier:

Das habe ich außerdem herausgefunden:

Hier habe ich diese Informationen gefunden:

Zu Seite 25: Wie-Wörter

laut	bitter	süß	blumig	glatt
weich	leise	faulig	blau	blind
gelb	kalt	feucht	rau	weiß
sandig	trocken	ruhig	heiß	hell
bunt	dunkel	taub	fruchtig	salzig
schrill	süßsauer	hart	still	frisch
sahnig	piepsig	sauer	grau	dröhnend

Zu Seite 28: Warum Flo nichts schmecken kann

Schmecken und Riechen gehören zusammen. Wenn du zum Beispiel eine Banane isst, meldet die Zunge dem Gehirn, dass da etwas Süßes im Mund ist. Gleichzeitig steigt beim Kauen und Schlucken der Geruch der Banane vom Mund in die Nase, wo sich die Riechzellen befinden.
Wenn du dir die Nase zuhältst, kann der Geruch nur schlecht an die Riechzellen gelangen. Dann kannst du nicht mehr richtig riechen – und deshalb den Geschmack der Banane nicht richtig erkennen.
Übrigens: Wenn du Schnupfen hast, ist es so ähnlich. Denn dann sind die Riechzellen mit Schleim bedeckt.

Zu Seite 45: Die Löwenzahnpflanze verändert sich

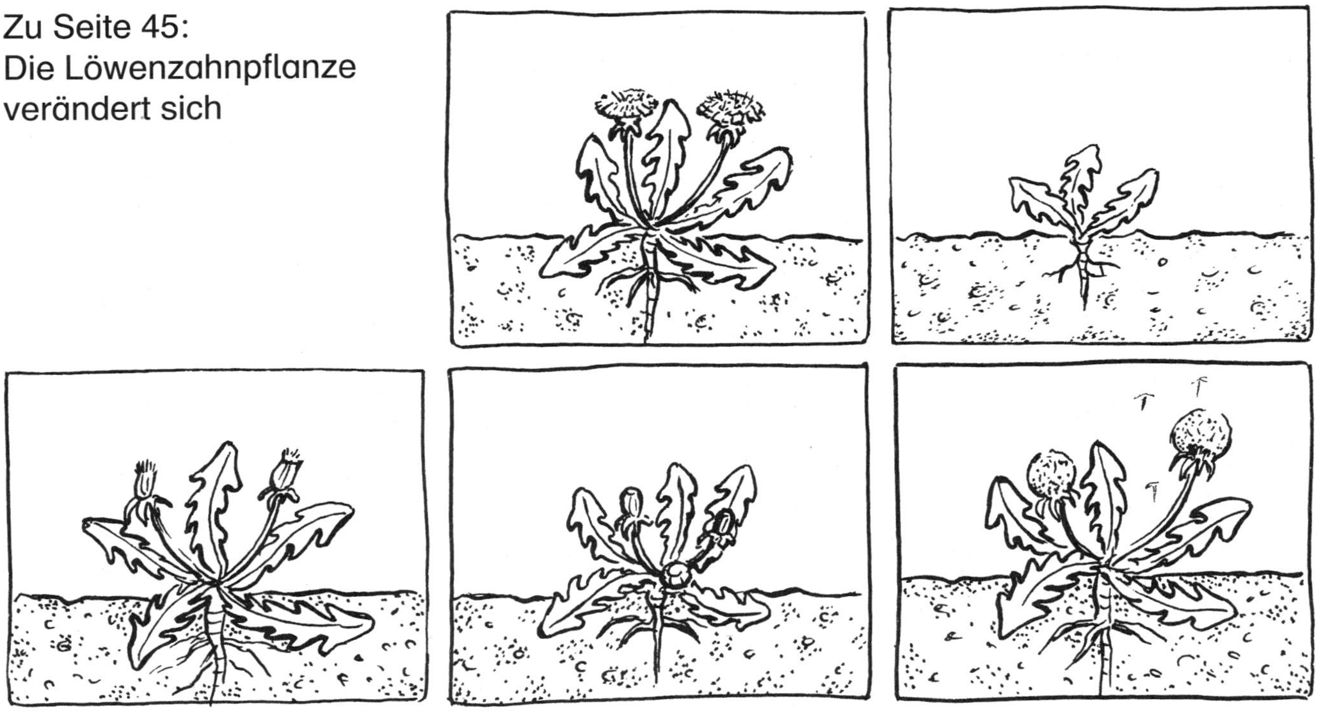

Ausschneidebogen

Zu Seite 43: Löwenzahn-Puzzle

Zu Seite 54: Wasser verändert sich

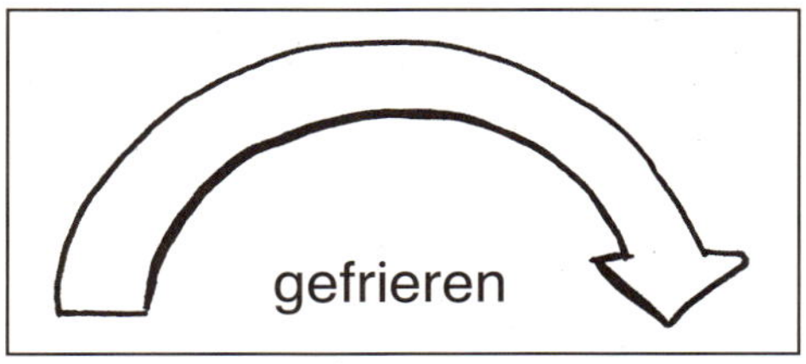

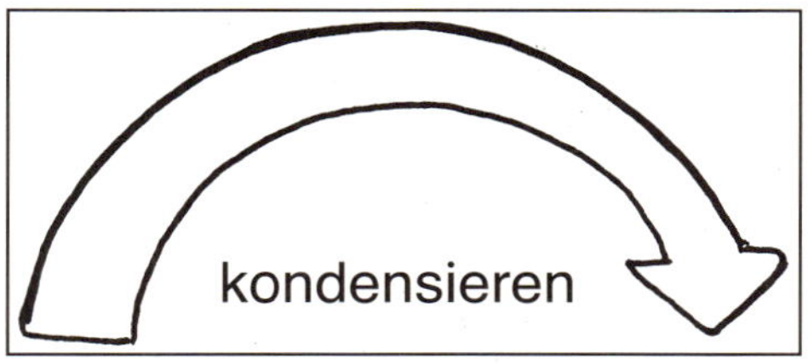

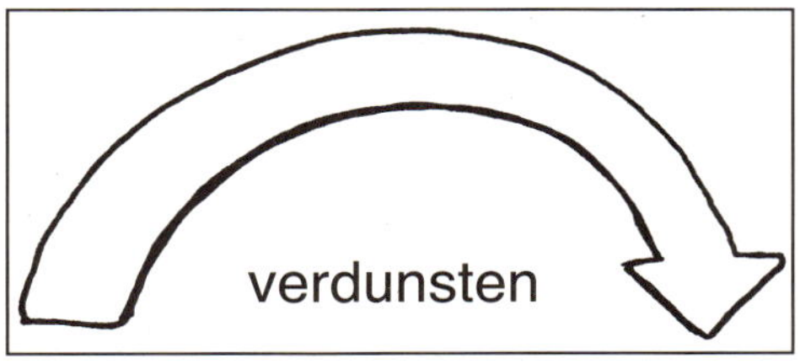

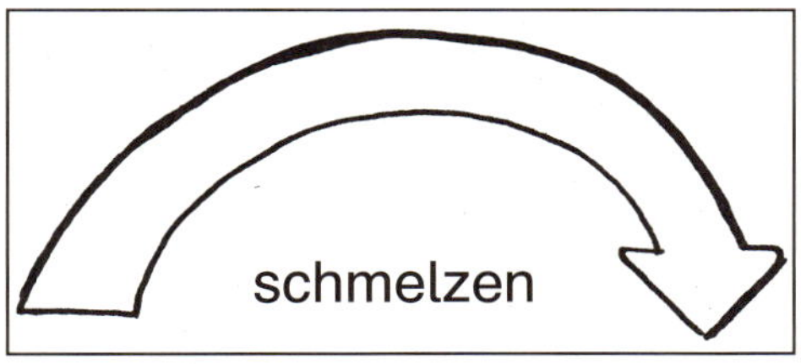

Wasserdampf

Eis

Wasser

Zu Seite 66: Auto-TÜV

Fahrzeugschein

Name des Fahrzeugs

Länge

Breite

Höhe

Farbe

Besonderheiten

Geschwindigkeit

☐ sehr langsam ☐ langsam ☐ mittel ☐ schnell ☐ sehr schnell

TÜV-Plakette

Ausschneidebogen

Zu Seite 69: In der Bücherei

Monika Fröhlich:
Das Eichhörnchen Oskar

Michael Lange:
Ein Tiger in der Nacht

Petra Nolte: Rettet die Wale!

Robin Ritter:
Wo wohnt der Seehund?

Jörg Cappel:
Tierkinder auf dem Bauernhof

Claudia Fischer: Der Esel Titus

Klara Kemper:
Ein Känguru auf Reisen

Heidi Ilg: So leben die Schimpansen

Georg Engels: Muckl, mein Igel

Inge Vorberg:
So leben die Wildmeerschweinchen

Doris Graf: Ein Pony für Conny

Hans Maier: Pingi Pinguin

Johannes Traube:
Das kleine Lama wird groß

Peter Glück:
Wild lebende Wellensittiche

Rudi Prinz:
Forelle, Hecht und Karpfen

Indra Ibrahim:
Wo die Elefanten arbeiten

Dieter Jansen: Zottel, das Zebra

Uwe Stein: Von Haien und Rochen

Thomas Zwick: Vorsicht, Klapperschlange!

Helene Lorenz: Kamele in der Wüste

Inhalt

Die Schule und ihre Umgebung

Miteinander leben und lernen

Rund um den Körper

Die Zeit vergeht

Von Pflanzen und Tieren

Forschen und entdecken

Technik und Arbeitswelt

Medien

Die Auer Sach- und Machblätter 1/2

Arbeitsheft zum Auer Sachbuch 1/2

Erarbeitet von Dorothee Emmrich, Svenja Felten, Regina Heid,
Sabine Klose und Britta Kremers

Gezeichnet von Rebecca Meyer

Gedruckt auf umweltbewusst gefertigtem, chlorfrei gebleichtem
und alterungsbeständigem Papier.

1. Auflage. 2003
Nach der Neuregelung der deutschen Rechtschreibung

Gesamtherstellung: Ludwig Auer GmbH, Donauwörth
ISBN 3-403-0**3783**-5